Los niños:
la luz del mundo

S.S. Juan Pablo II

Los niños: la luz del mundo

Un mensaje de esperanza de Su Santidad

Compilador Jerome M. Vereb

alamah VISUAL

Expreso especial gratitud a Benjamin H. Tinker así como a Dorothy y Loretta Vereb, quienes me auxiliaron tanto en la investigación como en la preparación del presente libro.También agradezco al *L'Osservatore Romano* por el generoso permiso que me otorgó para reproducir el texto y las fotografías aquí contenidos.
J.V.

Título original: *Every Child a Ligth. The Pope's Message to Young People*
Copyright © 2002 by Jerome M. Vereb. All rights reserved
Published by Wordsong/Boyds Mills Press, Inc. A Highlights Company

alamah °

De esta edición:
D. R. © Aguilar, Altea, Taurus, Alfaguara, S.A. de C.V., 2002
Av. Universidad 767, Col. del Valle
México, 03100, D.F. Teléfono (52) 5420-7530
www.alamah.com.mx

Distribuidora y Editora Aguilar, Altea, Taurus, Alfaguara, S. A.
Calle 80 Núm. 10-23, Santafé de Bogotá, Colombia.
Santillana S. A.
Torrelaguna 60-28043, Madrid, España.
Santillana S. A.
Av. San Felipe 731, Lima, Perú.
Editorial Santillana S. A.
Av. Rómulo Gallegos, Edif. Zulia 1er. piso
Boleita Nte., 1071, Caracas, Venezuela.
Editorial Santillana Inc.
P.O. Box 19-5462 Hato Rey, 00919, San Juan, Puerto Rico.
Santillana Publishing Company Inc.
2043 N. W. 87th Avenue, 33172. Miami, Fl., E. U. A.
Ediciones Santillana S. A. (ROU)
Constitución 1889, 11800, Montevideo, Uruguay.
Aguilar, Altea, Taurus, Alfaguara, S. A.
Beazley 3860, 1437, Buenos Aires, Argentina.
Aguilar Chilena de Ediciones Ltda.
Dr. Aníbal Ariztía 1444, Providencia, Santiago de Chile.
Santillana de Costa Rica, S. A.
La Uruca, 100 mts.Oeste de Migración y Extranjería, San José, Costa Rica.

Primera edición: abril de 2002
ISBN: 968-19-1083-4
Traducción: Sebastián Patiño
D. R. © Diseño de cubierta: Antonio Ruano Gómez
Diseño de interiores:Times Editores, S.A. de C.V.
Impreso en México/Printed in Mexico

Los niños: la luz del mundo se terminó de imprimir en abril de 2002 en Editorial Impresora Apolo, S.A. de C.V., Centeno 150, Col. Granjas Esmeralda, 09810, México, D.F.

Dedicado al
Doctor en Medicina Donald G. Ferguson
1923-2000
Quien dedicó toda una vida a establecer un lazo con los niños

Prefacio

Cuando participé en las festividades del Año Santo en Roma a finales de 1999, observé al Papa Juan Pablo II interactuar frecuentemente con los niños. Se acercaba a ellos con un amor que se reflejaba tanto en su rostro como en sus gestos. Su Santidad posaba la mano sobre el rostro de un niño, al hablar con él. Le pedí al Sacerdote Católico, Padre Jerome M. Vereb, que reuniera palabras e imágenes que reflejaran el amor del Papa, expresado de manera tan elocuente. El presente libro es el resultado.

Mi esperanza es que los padres, al igual que los maestros, utilicen este libro para ayudar a los niños a comprender el amor que Dios siente hacia ellos. Los niños tendrán un mayor entendimiento sobre su fe y es posible que aprecien al Papa Juan Pablo II no sólo como el líder de la Iglesia Católica, sino como un ser humano cálido y afectuoso.

El Papa Juan Pablo II inspira a la gente para que viva como Jesús hubiese deseado que viviésemos. Las acciones del Santo Padre nos revelan que Dios nos ama al tiempo que nos acompaña siempre. Los niños tienen derecho a saber esto desde el principio de su vida. Las palabras e imágenes en el presente libro muestran la forma en que el Papa Juan Pablo II vive y expresa de manera activa el conocimiento que posee del amor de Dios. Por lo tanto, Su Santidad nos muestra con claridad que los niños son la luz del mundo, que reflejan el amor divino.

Bernice E. Cullinan, Editor en Jefe
Wordsong/Boyds Mills Press
Junio de 2001

Prólogo

A lo largo de más de tres décadas, he servido a la Santa Sede en el Concejo Pontificio de Comunicación Social. En todo este tiempo he gozado de la oportunidad única de observar la simpatía especial que el Papa Juan Pablo II despierta en los niños. Durante los meses del Jubileo del año 2000, los compromisos papales para celebrar públicamente la liturgia o para hablar a numerosos públicos de diversas partes del mundo, tenían lugar casi a diario. A pesar de ello, siempre se incluía un tiempo especial dedicado a los niños así como a los jóvenes.

Lo anterior también ha sucedido en cada uno de los viajes papales y durante las audiencias en Roma. En toda ocasión, la presencia de los niños denota los valores familiares a la vez que la profunda esperanza de un futuro lleno de bendiciones de Dios. ¡Los niños ofrecen ese consuelo!

Además de mi interés en el periodismo y la fotografía, incluyo en mis responsabilidades diarias de la Curia Romana, otros quehaceres como el de ser madre y abuela. Me regocijo de manera muy especial al descubrir de nuevo la gracia de los niños. En esta pequeña compilación, el Padre Jerome Vereb reunió algunos de los momentos más conmovedores del ministerio del Papa Juan Pablo II, que resultan refrescantes.

Marjorie Weeke
Concejo Pontificio de Comunicación Social
Pascua de 2001

Introducción

Durante el Conflicto en Corea (1950-1953), las fuerzas invasoras de Corea del Norte arrestaron a un grupo de ciudadanos europeos y estadounidenses en Corea del Sur. Mientras estuvieron presos, los sometieron a una marcha larga a la vez que tormentosa, durante la cual muchos de los cautivos murieron. Junto con ellos, también tomaron a muchos soldados norteamericanos como prisioneros de guerra, quienes, de igual modo, experimentaron el desaliento que produce el cautiverio, así como la muerte de camaradas. Entre este grupo de personas de diferentes partes del mundo, se encontraban cinco monjas carmelitas. En las memorias de ellas, publicadas años más tarde, una de las hermanas escribió acerca de la alegría que les produjo la presencia de niños en el grupo de cautivos: "El trato con los niños nos relajó e hizo que nos sintiéramos más jóvenes."

En años recientes, muchos se han impresionado a causa de la belleza y la alegría que existen en la interacción del Papa Juan Pablo II con los jóvenes del mundo. Numerosos pasajes bíblicos invitan a los cristianos a albergar esperanzas haciendo referencia a un niño "...y un niño los conducirá" (Isaías 11:6). "Dejad a los niños venir a mí... porque de ellos es el reino de Dios" (San Lucas 18:16).

En la temporada anterior a la Nochebuena y la Navidad, se centra la atención en los deleites de la niñez; sin embargo, con frecuencia lo anterior se hace a partir de la fantasía. De hecho, la infancia conlleva el mismo realismo en la vida que la edad adulta, puesto que todo niño está pasando por el proceso de formación para crecer y convertirse en un adulto responsable. Al mismo tiempo, ningún adulto es capaz de encontrar satisfacción plena si pierde el vínculo con su niño interior.

Santa Teresa de Lisieux nos ha hecho recordar la vida espiritual de la infancia. Del mismo modo, muchos otros santos recuerdan una espiritualidad que depende de Dios como si Éste fuera una figura paterna que sostiene a sus hijos con amor. Como lo expresó Santa Teresa: "El punto no es cómo amamos a Dios, ni qué tanto; lo verdaderamente importante es que sepamos que Él nos ama."

Existen tres cualidades de la infancia que nunca deben olvidarse si se desea experimentar el amor de Dios de manera auténtica. Una de ellas es la transparencia, esa capacidad de ser honesto o genuino, con la que se percibe de inmediato la presencia de la hipocresía y las mentiras. La transparencia frecuentemente divierte a los adultos, quienes son víctimas de los cuestionamientos, así como de los comentarios francos por parte de los niños.

La segunda de dichas características es la sencillez. ¿Cuántos de nosotros no hemos vivido esas ocasiones en las que un regalo planeado con demasiada elaboración se ha visto opacado por la fascinación espontánea del niño por la envoltura o la caja donde llegó el regalo? Finalmente, ¿quién no se ha sentido abrumado y desarmado por la sonrisa de un bebé, las risas de una niñita o las carcajadas de un joven? Todas éstas son expresiones de la inocencia de los niños y de la gran emoción que ellos producen.

En una época llena de sofisticación que, sin embargo, lucha contra el recelo y el cinismo, ninguna tarea del ministerio pastoral del Papa Juan Pablo II ha sido más efectiva que los encuentros que él ha tenido con la juventud. Las páginas siguientes hablan por sí solas. Al ser alguien que ha observado el afecto especial que Juan Pablo II siente por los niños y los jóvenes, así como el alcance que el Santo Padre tiene con ellos, me es muy placentero reunir estas fotografías y palabras que son una clara muestra de qué tanto Su Santidad es capaz de dar de sí mismo.

Jerome M. Vereb, Sacerdote Católico
Roma
Monasterio de los Santos Juan y Pablo
Pascua de 2001

De ahora en adelante vivan como los hijos de la luz

Queridos jóvenes,

¿saben de qué manera los afecta el sacramento del Bautismo?

En él, Dios los reconoce como sus hijos y convierte la existencia de ustedes en una historia de amor con él.

Él los acopla con Cristo de tal manera que ustedes sean capaces de cumplir con la vocación propia.

Él ha venido a hacer un pacto con ustedes, por lo que les ofrece su paz.

De ahora en adelante, vivan como hijos de la luz y sepan que están reconciliados por la Cruz del Salvador.

París, Francia; 23 de agosto de 1997

Los niños son el tesoro y la esperanza de la Santa Madre Iglesia

Los pequeños son, en especial, bien amados de Dios...

Es a ellos a quienes, en principio, pertenece el reino de los cielos,

como podemos constatarlo en el Evangelio (San Marcos, 10:14).

"...si no cambiáis y os hacéis como niños, no entraréis

en el reino de los cielos" (San Mateo, 18:3).

Además, los niños son el tesoro

y la esperanza de la Santa Madre Iglesia...

Tarija, Bolivia; 13 de mayo de 1988

Los bendigo en el nombre del Padre del Hijo y del Espíritu Santo

¡Cuando los jóvenes como ustedes o los mayores como yo
se dan el tiempo de reunirse unos con otros para mostrar su amistad,
de manera sencilla y sincera, para ofrecerse la mejor ayuda mutua
de que cada uno sea capaz, se produce la felicidad en esta Tierra!
Queridos jóvenes, para ayudarlos a vivir como hermanos y hermanas,
con tantos amigos como sea posible, los bendigo en el nombre
del Padre, del Hijo y del Espíritu Santo.

Montreal, Canadá; 11 de septiembre de 1984

La familia reza para así glorificar y dar gracias a Dios por el regalo de la vida

La familia celebra el evangelio de la vida por medio de las oraciones diarias, tanto individuales como familiares.

La familia reza para glorificar y dar gracias a Dios por el regalo de la vida, a la vez que suplicar al Señor le dé luz y fortaleza para enfrentar los tiempos difíciles y de sufrimiento, sin perder la esperanza.

No obstante, la celebración que llena de significado cualquier otro tipo de oración y alabanza a Dios, se manifiesta en la vida diaria que los miembros de la familia hacen en común, la misma vida llena de amor en la que los familiares dan de sí mismos.

Evangelium Vitae 93.1

Incluso en los momentos más difíciles, no pierdan de vista que sus padres desean ayudarlos a ser felices

Ustedes son la sal de la Tierra así como la luz del mundo.

Para cada uno de ustedes, el hogar es ese sitio privilegiado
donde dan y reciben amor.

Sus padres les dieron la vida, razón por la cual ellos desean guiarlos
a lo largo del camino que ustedes deben recorrer para crecer.

¡Sean agradecidos con ellos y también den gracias al Señor!

Incluso en los momentos más difíciles, no pierdan de vista
que sus padres desean ayudarlos a ser felices; no obstante,
¡tener acceso a la felicidad también es demandante!

Al igual que sus padres, ustedes son responsables de la vida en familia
así como de la existencia de una atmósfera cada vez más llena de paz,
la cual proporcione a cada uno el espacio suficiente para dar lo mejor
de sí mismo a la vez que seguir desarrollando la personalidad propia.

Saint-Anne-d'Auray, Francia; 20 de septiembre de 1996

Observen y verán en ella
el rostro de Cristo

El Papa y la Iglesia ven a los jóvenes con confianza y amor.
La Iglesia "posee todo aquello que constituye tanto la fuerza
como el encanto de la juventud:
la capacidad de regocijarse con lo que apenas inicia,
de dar de sí mismo sin buscar recompensa, de renovarse
y de embarcarse en aventuras insólitas.
Observen y verán en ella el rostro de Cristo, el héroe verdadero,
humilde y sabio, el profeta de la verdad y el amor, el compañero
y amigo de los jóvenes".

Mensaje al Concejo de la Juventud, 6
Quito, Ecuador; 30 de enero de 1985

Se debe dedicar especial atención a los niños

En la familia, que es una comunidad de personas,
se debe dedicar atención especial a los niños,
al cultivar en ellos una profunda estima hacia la dignidad personal,
a la vez que un gran respeto y preocupación generosa por sus derechos.
Lo anterior se aplica a todo niño, pero se hace mucho más urgente
en la medida que el niño sea más pequeño y tenga más necesidades
al estar enfermo, al sufrir o al ser discapacitado.

Familiaris Consortio n. 26

Con la palabra y el ejemplo...
los padres guían a sus hijos
hacia la verdadera libertad

Es sobre todo al educar a los hijos que la familia cumple con su misión
de proclamar el evangelio de la vida.
Con la palabra y el ejemplo, en el cúmulo diario de relaciones
y al elegir, a través de acciones y signos concretos,
los padres guían a sus hijos hacia la verdadera libertad,
que se manifiesta en el dar de sí mismo a los demás con sinceridad;
además, cultivan en ellos el respeto hacia los otros:
sentido de justicia, apertura cordial, diálogo, servicio generoso,
solidaridad, así como todos los demás valores
que ayudan a las personas a experimentar la vida
como si ésta fuese un regalo.

Evangelium Vitae 92.4

Todos los niños son importantes

Lo que es hermoso en ustedes es que cada uno ve a otros niños
y les ofrece la mano sin importar qué color,
condición social o religión tengan.
Ustedes se ofrecen la mano unos a otros...
Todos los niños son importantes.
¡Todos!

Salvador, Brasil; 20 de octubre de 1991

A *diferencia del pasado, hoy la juventud es la modernidad*

El Papa se considera un amigo muy cercano
tanto de los jóvenes como de las esperanzas que ellos albergan...
Por lo tanto, lleno de estima al igual que de confianza hacia ustedes,
les dice:
"A diferencia del pasado, hoy la juventud es la modernidad;
a diferencia del futuro, la juventud es la esperanza
y la promesa de que haya descubrimientos e innovaciones;
a diferencia del presente, la juventud debe ser una fuerza dinámica
y creativa."

Caracas, Venezuela; 27 de enero de 1985

Ustedes también deben estar abiertos a Cristo

Una característica particular de los jóvenes de nuestro tiempo
es la apertura... apertura a la gran diversidad cultural de nuestro mundo.
Sin embargo, ustedes también deben estar abiertos a Cristo.
Del mismo modo que lo hizo en el caso del joven rico en el Evangelio
(San Marcos, 10:17), Jesús los ve a ustedes,
quienes son ricos en talentos así como en bienes materiales,
y lo hace con amor.
Él les pide que estén por completo abiertos a él
y él nunca los decepcionará.

Escandinavia; 8 de junio de 1989

El amor es paciente a la vez que generoso

Es posible afirmar que el amor hacia el niño,
el amor que emana de la esencia misma de la paternidad,
obliga al padre a preocuparse por la dignidad del hijo.
Dicha preocupación es la medida del amor que el padre siente,
el amor acerca del cual San Pablo escribió:
"El amor es sufrido, es benigno; el amor no tiene envidia,
el amor no es jactancioso, no se envanece... no se irrita,
no guarda rencor... se alegra de la verdad...
todo lo espera, todo lo soporta...
El amor nunca deja de ser..." (Corintios 1, 13:4-8).

La personificación de la misericordia 6.3

¡Sí a la vida!

¡Sí a la fe; sí a la vida!
Reconozcan que un generoso "sí" a la fe cristiana
es la fuente más pura de satisfacción en la vida,
incluso en el caso de un joven, que va avanzando en la vida.

Salzburgo, Austria; 26 de junio de 1988

Ustedes deben tener como deseo lograr grandes cosas en la vida

El futuro les pertenece,

en tanto que ustedes son los líderes del mañana.

Al planear y prepararse para el futuro, está bien que aspiren

a la grandeza, que tengan como deseo lograr

grandes cosas en la vida.

Que nunca abandonen dichos deseos,

sino que siempre sean ustedes hombres y mujeres

con principios altos

y esperanzas sólidas.

Santa Lucía; 7 de julio de 1986

Tengo la esperanza de que ustedes harán todo lo necesario para descubrir los talentos que poseen

¿Cómo es que el joven... puede, hoy en día, vivir la fe?

Primero que nada, al estar consciente de que hay alguien que los ama,

precisamente porque sabe que ustedes están en busca de él.

Esa persona es Cristo...

Uno pudiera afirmar que la juventud es la etapa de discernir los talentos.

Tengo la esperanza de que ustedes harán todo lo necesario

para descubrir los talentos que poseen.

Ellos los llevarán a cumplir con lo que Dios ha planeado

para cada uno de ustedes, al tiempo que les proporcionarán

la alegría de cooperar en el designio vasto y amoroso

que el Señor tiene para la humanidad.

Dakar, Senegal; 21 de febrero de 1992

¡El Papa siente un gran amor hacia los niños!

Les hablo con todo el corazón,
pues, siguiendo el ejemplo de Jesús,
les digo de nueva cuenta:
¡El Papa siente un gran amor hacia los niños!
Quiero ver que ustedes crezcan felices.

Salvador, Brasil; 20 de octubre de 1991

Todos ustedes cuentan con un lugar así como una tarea en la Iglesia

Justo a partir de ahora, pueden empezar a contribuir a la Iglesia
del mañana: una que no sepa de separación, ni de confesiones,
ni de brechas generacionales; una Iglesia que ofrezca una patria
a muchos y que, sin embargo, deje claro que este mundo
no es nuestra morada permanente.
Construyan ustedes dicha Iglesia, en tanto son los jóvenes cristianos,
los padres y madres del futuro,
los creyentes que se desenvolverán
en diversas profesiones y esferas de la vida.

Viena, Austria; 10 de septiembre de 1983

Los jóvenes son la esperanza del futuro

Los dones y necesidades especiales de los jóvenes
merecen una atención pastoral cuidadosa.
Los jóvenes son la fuente de esperanza en el futuro...
con su entusiasmo y energía, hay que motivarlos y enseñarles
a convertirse en "los personajes que dirijan la evangelización,
al tiempo que participen en la renovación de la sociedad".
Ellos son los evangelizadores que traen el Evangelio
a sus congéneres.

Manila, Filipinas; 14 de enero de 1995

Epílogo

No cabe duda alguna de que el Papa Juan Pablo II muestra un afecto tierno hacia los niños. En la apertura de la Puerta Santa en la Nochebuena de 1999, él parecía tocar, besar o hacer algún cariño en la cabeza de todo niño con quien se topaba en el camino. El amor del Santo Padre incluso abarca a los ausentes. Yo en persona estuve al lado de Su Santidad mientras él lamentaba, junto con la madre estadounidense, la muerte de un joven seminarista en un trágico accidente. Habilidades ministeriales de esa naturaleza ponen en relieve la humanidad así como la ternura de Juan Pablo II y, quizá, muestran la probabilidad de que él pudiera comportarse del mismo modo, si estuviese en casa fungiendo como pastor en alguna zona rural de Polonia.

Sin embargo, ¡él es el Papa! Posee una filosofía que aplica en su instrucción teológica. Los niños son personas que tienen dignidad al igual que derechos. Ellos tienen una misión y una responsabilidad. El futuro descansa sobre los hombros de ellos. Hoy, los niños constituyen una comunidad global propia. Se ven atraídos unos a otros más allá de las fronteras de los países, las culturas y las lenguas. Gracias a su inocencia, son una fuerza poderosa para el bien.

Existen, de hecho, todos los tipos de niños; aquellos que son parte de una familia muy grande y otros que son hijos únicos. Algunos niños provienen de países destrozados por la guerra y están los que han disfrutado la bendición de vivir en medio de la paz. Hay bebés que descansan en los brazos de la madre, pero también existen los que ya son grandes de edad pero siguen siendo unos niños por dentro.

Al hablar tanto en Roma como en todo el mundo, el Papa Juan Pablo II ha enseñado que los niños de cualquier color, credo y cultura deben recibir el amor que sólo Jesús puede ofrecer. Por lo tanto, las oraciones del Pontífice para la juventud pueden resumirse como sigue: Inclina el corazón de todo niño en esta tierra con el conocimiento y la libertad de ser los "¡hijos de Dios!" Que Dios haga que el Espíritu Santo descienda sobre ellos, que la gloria del Señor los ilumine y que todos presten atención a las palabras ofrecidas a los discípulos: "Dejad a los niños que vengan a mí, y no se los impidáis; porque de ellos es el reino de Dios. De cierto os digo, que el que no recibe el reino de Dios como un niño, no entrará en él" (San Lucas, 18: 16-17).

En estas palabras de la Escritura, se encuentra una revelación sagrada. El mismo Jesús es el hijo de Dios. Como resultado, él posee un vínculo único con todos los demás niños. ¡A su vez, los niños de todas partes son los apóstoles especiales del Reino de los Cielos!

Jerome M. Vereb, Sacerdote Católico